中华人民共和国中小企业促进法
保障中小企业款项支付条例

法 律 出 版 社
·北 京·

图书在版编目（CIP）数据

中华人民共和国中小企业促进法　保障中小企业款项支付条例. -- 北京：法律出版社，2025. -- ISBN 978-7-5244-0160-5

Ⅰ. D922.291.91

中国国家版本馆 CIP 数据核字第 2025811VT1 号

中华人民共和国中小企业促进法　保障中小企业款项支付条例
ZHONGHUA RENMIN GONGHEGUO ZHONGXIAO QIYE CUJINFA
BAOZHANG ZHONGXIAO QIYE KUANXIANG ZHIFU TIAOLI

出版发行 法律出版社	**开本** 850 毫米×1168 毫米　1/32
编辑统筹 法规出版分社	**印张** 1　　**字数** 20 千
责任编辑 张红蕊	**版本** 2025 年 4 月第 1 版
装帧设计 臧晓飞	**印次** 2025 年 4 月第 1 次印刷
责任校对 陶玉霞	**印刷** 固安华明印业有限公司
责任印制 耿润瑜	**经销** 新华书店

地址：北京市丰台区莲花池西里 7 号（100073）

网址：www.lawpress.com.cn	销售电话：010-83938349
投稿邮箱：info@lawpress.com.cn	客服电话：010-83938350
举报盗版邮箱：jbwq@lawpress.com.cn	咨询电话：010-63939796

版权所有·侵权必究

书号：ISBN 978-7-5244-0160-5　　　　定价：5.00 元

凡购买本社图书，如有印装错误，我社负责退换。电话：010-83938349

目　　录

中华人民共和国主席令（第七十四号） ················（ 1 ）
中华人民共和国中小企业促进法 ······················（ 3 ）

中华人民共和国国务院令（第 802 号） ··············（ 17 ）
保障中小企业款项支付条例 ··························（ 19 ）

中华人民共和国主席令

第七十四号

《中华人民共和国中小企业促进法》已由中华人民共和国第十二届全国人民代表大会常务委员会第二十九次会议于 2017 年 9 月 1 日修订通过,现将修订后的《中华人民共和国中小企业促进法》公布,自 2018 年 1 月 1 日起施行。

中华人民共和国主席　习近平
2017 年 9 月 1 日

中华人民共和国中小企业促进法

（2002年6月29日第九届全国人民代表大会常务委员会第二十八次会议通过 2017年9月1日第十二届全国人民代表大会常务委员会第二十九次会议修订）

目　　录

第一章　总　　则
第二章　财税支持
第三章　融资促进
第四章　创业扶持
第五章　创新支持
第六章　市场开拓
第七章　服务措施
第八章　权益保护
第九章　监督检查
第十章　附　　则

第一章　总　　则

第一条　为了改善中小企业经营环境，保障中小企业公平参与市场竞争,维护中小企业合法权益,支持中小企业创业创新,促进中小企业健康发展,扩大城乡就业,发挥中小企业在国民经济和社会发展中的重要作用,制定本法。

第二条 本法所称中小企业,是指在中华人民共和国境内依法设立的,人员规模、经营规模相对较小的企业,包括中型企业、小型企业和微型企业。

中型企业、小型企业和微型企业划分标准由国务院负责中小企业促进工作综合管理的部门会同国务院有关部门,根据企业从业人员、营业收入、资产总额等指标,结合行业特点制定,报国务院批准。

第三条 国家将促进中小企业发展作为长期发展战略,坚持各类企业权利平等、机会平等、规则平等,对中小企业特别是其中的小型微型企业实行积极扶持、加强引导、完善服务、依法规范、保障权益的方针,为中小企业创立和发展创造有利的环境。

第四条 中小企业应当依法经营,遵守国家劳动用工、安全生产、职业卫生、社会保障、资源环境、质量标准、知识产权、财政税收等方面的法律、法规,遵循诚信原则,规范内部管理,提高经营管理水平;不得损害劳动者合法权益,不得损害社会公共利益。

第五条 国务院制定促进中小企业发展政策,建立中小企业促进工作协调机制,统筹全国中小企业促进工作。

国务院负责中小企业促进工作综合管理的部门组织实施促进中小企业发展政策,对中小企业促进工作进行宏观指导、综合协调和监督检查。

国务院有关部门根据国家促进中小企业发展政策,在各自职责范围内负责中小企业促进工作。

县级以上地方各级人民政府根据实际情况建立中小企业促进工作协调机制,明确相应的负责中小企业促进工作综合管理的部门,负责本行政区域内的中小企业促进工作。

第六条 国家建立中小企业统计监测制度。统计部门应当加强对中小企业的统计调查和监测分析,定期发布有关信息。

第七条 国家推进中小企业信用制度建设,建立社会化的信用信息征集与评价体系,实现中小企业信用信息查询、交流和共享的社会化。

第二章 财税支持

第八条 中央财政应当在本级预算中设立中小企业科目,安排中小企业发展专项资金。

县级以上地方各级人民政府应当根据实际情况,在本级财政预算中安排中小企业发展专项资金。

第九条 中小企业发展专项资金通过资助、购买服务、奖励等方式,重点用于支持中小企业公共服务体系和融资服务体系建设。

中小企业发展专项资金向小型微型企业倾斜,资金管理使用坚持公开、透明的原则,实行预算绩效管理。

第十条 国家设立中小企业发展基金。国家中小企业发展基金应当遵循政策性导向和市场化运作原则,主要用于引导和带动社会资金支持初创期中小企业,促进创业创新。

县级以上地方各级人民政府可以设立中小企业发展基金。

中小企业发展基金的设立和使用管理办法由国务院规定。

第十一条 国家实行有利于小型微型企业发展的税收政策,对符合条件的小型微型企业按照规定实行缓征、减征、免征企业所得税、增值税等措施,简化税收征管程序,减轻小型微型企业税收负担。

第十二条 国家对小型微型企业行政事业性收费实行减免等优惠政策,减轻小型微型企业负担。

第三章 融资促进

第十三条 金融机构应当发挥服务实体经济的功能,高效、公平地服务中小企业。

第十四条 中国人民银行应当综合运用货币政策工具,鼓励和引导金融机构加大对小型微型企业的信贷支持,改善小型微型企业融资环境。

第十五条 国务院银行业监督管理机构对金融机构开展小型微型企业金融服务应当制定差异化监管政策,采取合理提高小型微型企业不良贷款容忍度等措施,引导金融机构增加小型微型企业融资规模和比重,提高金融服务水平。

第十六条 国家鼓励各类金融机构开发和提供适合中小企业特点的金融产品和服务。

国家政策性金融机构应当在其业务经营范围内,采取多种形式,为中小企业提供金融服务。

第十七条 国家推进和支持普惠金融体系建设,推动中小银行、非存款类放贷机构和互联网金融有序健康发展,引导银行业金融机构向县域和乡镇等小型微型企业金融服务薄弱地区延伸网点和业务。

国有大型商业银行应当设立普惠金融机构,为小型微型企业提供金融服务。国家推动其他银行业金融机构设立小型微型企业金融服务专营机构。

地区性中小银行应当积极为其所在地的小型微型企业提供金融服务,促进实体经济发展。

第十八条 国家健全多层次资本市场体系,多渠道推动股权融资,发展并规范债券市场,促进中小企业利用多种方式直接融资。

第十九条 国家完善担保融资制度,支持金融机构为中小企业提供以应收账款、知识产权、存货、机器设备等为担保品的担保融资。

第二十条 中小企业以应收账款申请担保融资时,其应收账款的付款方,应当及时确认债权债务关系,支持中小企业融资。

国家鼓励中小企业及付款方通过应收账款融资服务平台确认债权债务关系,提高融资效率,降低融资成本。

第二十一条 县级以上人民政府应当建立中小企业政策性信用担保体系,鼓励各类担保机构为中小企业融资提供信用担保。

第二十二条 国家推动保险机构开展中小企业贷款保证保险和信用保险业务,开发适应中小企业分散风险、补偿损失需求的保险产品。

第二十三条　国家支持征信机构发展针对中小企业融资的征信产品和服务,依法向政府有关部门、公用事业单位和商业机构采集信息。

国家鼓励第三方评级机构开展中小企业评级服务。

第四章　创业扶持

第二十四条　县级以上人民政府及其有关部门应当通过政府网站、宣传资料等形式,为创业人员免费提供工商、财税、金融、环境保护、安全生产、劳动用工、社会保障等方面的法律政策咨询和公共信息服务。

第二十五条　高等学校毕业生、退役军人和失业人员、残疾人员等创办小型微型企业,按照国家规定享受税收优惠和收费减免。

第二十六条　国家采取措施支持社会资金参与投资中小企业。创业投资企业和个人投资者投资初创期科技创新企业的,按照国家规定享受税收优惠。

第二十七条　国家改善企业创业环境,优化审批流程,实现中小企业行政许可便捷,降低中小企业设立成本。

第二十八条　国家鼓励建设和创办小型微型企业创业基地、孵化基地,为小型微型企业提供生产经营场地和服务。

第二十九条　地方各级人民政府应当根据中小企业发展的需要,在城乡规划中安排必要的用地和设施,为中小企业获得生产经营场所提供便利。

国家支持利用闲置的商业用房、工业厂房、企业库房和物流设施等,为创业者提供低成本生产经营场所。

第三十条 国家鼓励互联网平台向中小企业开放技术、开发、营销、推广等资源,加强资源共享与合作,为中小企业创业提供服务。

第三十一条 国家简化中小企业注销登记程序,实现中小企业市场退出便利化。

第五章 创 新 支 持

第三十二条 国家鼓励中小企业按照市场需求,推进技术、产品、管理模式、商业模式等创新。

中小企业的固定资产由于技术进步等原因,确需加速折旧的,可以依法缩短折旧年限或者采取加速折旧方法。

国家完善中小企业研究开发费用加计扣除政策,支持中小企业技术创新。

第三十三条 国家支持中小企业在研发设计、生产制造、运营管理等环节应用互联网、云计算、大数据、人工智能等现代技术手段,创新生产方式,提高生产经营效率。

第三十四条 国家鼓励中小企业参与产业关键共性技术研究开发和利用财政资金设立的科研项目实施。

国家推动军民融合深度发展,支持中小企业参与国防科研和生产活动。

国家支持中小企业及中小企业的有关行业组织参与标准的制定。

第三十五条 国家鼓励中小企业研究开发拥有自主知识产权的技术和产品,规范内部知识产权管理,提升保护和运用知识产权的能力;鼓励中小企业投保知识产权保险;减轻中小企业申请和维持知识产权的费用等负担。

第三十六条　县级以上人民政府有关部门应当在规划、用地、财政等方面提供支持,推动建立和发展各类创新服务机构。

国家鼓励各类创新服务机构为中小企业提供技术信息、研发设计与应用、质量标准、实验试验、检验检测、技术转让、技术培训等服务,促进科技成果转化,推动企业技术、产品升级。

第三十七条　县级以上人民政府有关部门应当拓宽渠道,采取补贴、培训等措施,引导高等学校毕业生到中小企业就业,帮助中小企业引进创新人才。

国家鼓励科研机构、高等学校和大型企业等创造条件向中小企业开放试验设施,开展技术研发与合作,帮助中小企业开发新产品,培养专业人才。

国家鼓励科研机构、高等学校支持本单位的科技人员以兼职、挂职、参与项目合作等形式到中小企业从事产学研合作和科技成果转化活动,并按照国家有关规定取得相应报酬。

第六章　市场开拓

第三十八条　国家完善市场体系,实行统一的市场准入和市场监管制度,反对垄断和不正当竞争,营造中小企业公平参与竞争的市场环境。

第三十九条　国家支持大型企业与中小企业建立以市场

配置资源为基础的、稳定的原材料供应、生产、销售、服务外包、技术开发和技术改造等方面的协作关系,带动和促进中小企业发展。

第四十条 国务院有关部门应当制定中小企业政府采购的相关优惠政策,通过制定采购需求标准、预留采购份额、价格评审优惠、优先采购等措施,提高中小企业在政府采购中的份额。

向中小企业预留的采购份额应当占本部门年度政府采购项目预算总额的百分之三十以上;其中,预留给小型微型企业的比例不低于百分之六十。中小企业无法提供的商品和服务除外。

政府采购不得在企业股权结构、经营年限、经营规模和财务指标等方面对中小企业实行差别待遇或者歧视待遇。

政府采购部门应当在政府采购监督管理部门指定的媒体上及时向社会公开发布采购信息,为中小企业获得政府采购合同提供指导和服务。

第四十一条 县级以上人民政府有关部门应当在法律咨询、知识产权保护、技术性贸易措施、产品认证等方面为中小企业产品和服务出口提供指导和帮助,推动对外经济技术合作与交流。

国家有关政策性金融机构应当通过开展进出口信贷、出口信用保险等业务,支持中小企业开拓境外市场。

第四十二条 县级以上人民政府有关部门应当为中小企业提供用汇、人员出入境等方面的便利,支持中小企业到境外投资,开拓国际市场。

第七章　服务措施

第四十三条　国家建立健全社会化的中小企业公共服务体系，为中小企业提供服务。

第四十四条　县级以上地方各级人民政府应当根据实际需要建立和完善中小企业公共服务机构，为中小企业提供公益性服务。

第四十五条　县级以上人民政府负责中小企业促进工作综合管理的部门应当建立跨部门的政策信息互联网发布平台，及时汇集涉及中小企业的法律法规、创业、创新、金融、市场、权益保护等各类政府服务信息，为中小企业提供便捷无偿服务。

第四十六条　国家鼓励各类服务机构为中小企业提供创业培训与辅导、知识产权保护、管理咨询、信息咨询、信用服务、市场营销、项目开发、投资融资、财会税务、产权交易、技术支持、人才引进、对外合作、展览展销、法律咨询等服务。

第四十七条　县级以上人民政府负责中小企业促进工作综合管理的部门应当安排资金，有计划地组织实施中小企业经营管理人员培训。

第四十八条　国家支持有关机构、高等学校开展针对中小企业经营管理及生产技术等方面的人员培训，提高企业营销、管理和技术水平。

国家支持高等学校、职业教育院校和各类职业技能培训机构与中小企业合作共建实习实践基地，支持职业教育院校教师和中小企业技术人才双向交流，创新中小企业人才培养模式。

第四十九条 中小企业的有关行业组织应当依法维护会员的合法权益,反映会员诉求,加强自律管理,为中小企业创业创新、开拓市场等提供服务。

第八章 权益保护

第五十条 国家保护中小企业及其出资人的财产权和其他合法权益。任何单位和个人不得侵犯中小企业财产及其合法收益。

第五十一条 县级以上人民政府负责中小企业促进工作综合管理的部门应当建立专门渠道,听取中小企业对政府相关管理工作的意见和建议,并及时向有关部门反馈,督促改进。

县级以上地方各级人民政府有关部门和有关行业组织应当公布联系方式,受理中小企业的投诉、举报,并在规定的时间内予以调查、处理。

第五十二条 地方各级人民政府应当依法实施行政许可,依法开展管理工作,不得实施没有法律、法规依据的检查,不得强制或者变相强制中小企业参加考核、评比、表彰、培训等活动。

第五十三条 国家机关、事业单位和大型企业不得违约拖欠中小企业的货物、工程、服务款项。

中小企业有权要求拖欠方支付拖欠款并要求对拖欠造成的损失进行赔偿。

第五十四条 任何单位不得违反法律、法规向中小企业收取费用,不得实施没有法律、法规依据的罚款,不得向中小企业摊派财物。中小企业对违反上述规定的行为有权拒绝和举报、控告。

第五十五条 国家建立和实施涉企行政事业性收费目录清单制度,收费目录清单及其实施情况向社会公开,接受社会监督。

任何单位不得对中小企业执行目录清单之外的行政事业性收费,不得对中小企业擅自提高收费标准、扩大收费范围;严禁以各种方式强制中小企业赞助捐赠、订购报刊、加入社团、接受指定服务;严禁行业组织依靠代行政府职能或者利用行政资源擅自设立收费项目、提高收费标准。

第五十六条 县级以上地方各级人民政府有关部门对中小企业实施监督检查应当依法进行,建立随机抽查机制。同一部门对中小企业实施的多项监督检查能够合并进行的,应当合并进行;不同部门对中小企业实施的多项监督检查能够合并完成的,由本级人民政府组织有关部门实施合并或者联合检查。

第九章 监督检查

第五十七条 县级以上人民政府定期组织对中小企业促进工作情况的监督检查;对违反本法的行为及时予以纠正,并对直接负责的主管人员和其他直接责任人员依法给予处分。

第五十八条 国务院负责中小企业促进工作综合管理的部门应当委托第三方机构定期开展中小企业发展环境评估,并向社会公布。

地方各级人民政府可以根据实际情况委托第三方机构开展中小企业发展环境评估。

第五十九条 县级以上人民政府应当定期组织开展对中小企业发展专项资金、中小企业发展基金使用效果的企业评价、社会评价和资金使用动态评估,并将评价和评估情况及时向社会公布,接受社会监督。

县级以上人民政府有关部门在各自职责范围内,对中小企业发展专项资金、中小企业发展基金的管理和使用情况进行监督,对截留、挤占、挪用、侵占、贪污中小企业发展专项资金、中小企业发展基金等行为依法进行查处,并对直接负责的主管人员和其他直接责任人员依法给予处分;构成犯罪的,依法追究刑事责任。

第六十条 县级以上地方各级人民政府有关部门在各自职责范围内,对强制或者变相强制中小企业参加考核、评比、表彰、培训等活动的行为,违法向中小企业收费、罚款、摊派财物的行为,以及其他侵犯中小企业合法权益的行为进行查处,并对直接负责的主管人员和其他直接责任人员依法给予处分。

第十章 附 则

第六十一条 本法自2018年1月1日起施行。

中华人民共和国国务院令

第 802 号

《保障中小企业款项支付条例》已经 2024 年 10 月 18 日国务院第 43 次常务会议修订通过,现予公布,自 2025 年 6 月 1 日起施行。

总理　李强

2025 年 3 月 17 日

保障中小企业款项支付条例

（2020年7月5日中华人民共和国国务院令第728号公布　2025年3月17日中华人民共和国国务院令第802号修订）

第一章　总　　则

第一条　为了促进机关、事业单位和大型企业及时支付中小企业款项，维护中小企业合法权益，优化营商环境，根据《中华人民共和国中小企业促进法》等法律，制定本条例。

第二条　机关、事业单位和大型企业采购货物、工程、服务支付中小企业款项，应当遵守本条例。

第三条　本条例所称中小企业，是指在中华人民共和国境内依法设立，依据国务院批准的中小企业划分标准确定的中型企业、小型企业和微型企业；所称大型企业，是指中小企业以外的企业。

中小企业、大型企业依合同订立时的企业规模类型确定。中小企业与机关、事业单位、大型企业订立合同时，应当主动告知其属于中小企业。

第四条　保障中小企业款项支付工作，应当贯彻落实党和国家的路线方针政策、决策部署，坚持支付主体负责、行业规范自律、政府依法监管、社会协同监督的原则,依法防范和治理拖欠中小企业款项问题。

第五条 国务院负责中小企业促进工作综合管理的部门对保障中小企业款项支付工作进行综合协调、监督检查。国务院发展改革、财政、住房城乡建设、交通运输、水利、金融管理、国有资产监管、市场监督管理等有关部门应当按照职责分工,负责保障中小企业款项支付相关工作。

省、自治区、直辖市人民政府对本行政区域内保障中小企业款项支付工作负总责,加强组织领导、统筹协调,健全制度机制。县级以上地方人民政府负责本行政区域内保障中小企业款项支付的管理工作。

县级以上地方人民政府负责中小企业促进工作综合管理的部门和发展改革、财政、住房城乡建设、交通运输、水利、金融管理、国有资产监管、市场监督管理等有关部门应当按照职责分工,负责保障中小企业款项支付相关工作。

第六条 有关行业协会商会应当按照法律法规和组织章程,加强行业自律管理,规范引导本行业大型企业履行及时支付中小企业款项义务、不得利用优势地位拖欠中小企业款项,为中小企业提供信息咨询、权益保护、纠纷处理等方面的服务,保护中小企业合法权益。

鼓励大型企业公开承诺向中小企业采购货物、工程、服务的付款期限与方式。

第七条 机关、事业单位和大型企业不得要求中小企业接受不合理的付款期限、方式、条件和违约责任等交易条件,不得拖欠中小企业的货物、工程、服务款项。

中小企业应当依法经营,诚实守信,按照合同约定提供合格的货物、工程和服务。

第二章　款项支付规定

第八条　机关、事业单位使用财政资金从中小企业采购货物、工程、服务,应当严格按照批准的预算执行,不得无预算、超预算开展采购。

政府投资项目所需资金应当按照国家有关规定确保落实到位,不得由施工单位垫资建设。

第九条　机关、事业单位从中小企业采购货物、工程、服务,应当自货物、工程、服务交付之日起30日内支付款项;合同另有约定的,从其约定,但付款期限最长不得超过60日。

大型企业从中小企业采购货物、工程、服务,应当自货物、工程、服务交付之日起60日内支付款项;合同另有约定的,从其约定,但应当按照行业规范、交易习惯合理约定付款期限并及时支付款项,不得约定以收到第三方付款作为向中小企业支付款项的条件或者按照第三方付款进度比例支付中小企业款项。

法律、行政法规或者国家有关规定对本条第一款、第二款付款期限另有规定的,从其规定。

合同约定采取履行进度结算、定期结算等结算方式的,付款期限应当自双方确认结算金额之日起算。

第十条　机关、事业单位和大型企业与中小企业约定以货物、工程、服务交付后经检验或者验收合格作为支付中小企业款项条件的,付款期限应当自检验或者验收合格之日起算。

合同双方应当在合同中约定明确、合理的检验或者验收期限,并在该期限内完成检验或者验收,法律、行政法规或者国家有关规定对检验或者验收期限另有规定的,从其规定。机关、事业单位和大型企业拖延检验或者验收的,付款期限自约定的检验或者验收期限届满之日起算。

第十一条 机关、事业单位和大型企业使用商业汇票、应收账款电子凭证等非现金支付方式支付中小企业款项的,应当在合同中作出明确、合理约定,不得强制中小企业接受商业汇票、应收账款电子凭证等非现金支付方式,不得利用商业汇票、应收账款电子凭证等非现金支付方式变相延长付款期限。

第十二条 机关、事业单位和国有大型企业不得强制要求以审计机关的审计结果作为结算依据,法律、行政法规另有规定的除外。

第十三条 除依法设立的投标保证金、履约保证金、工程质量保证金、农民工工资保证金外,工程建设中不得以任何形式收取其他保证金。保证金的收取比例、方式应当符合法律、行政法规和国家有关规定。

机关、事业单位和大型企业不得将保证金限定为现金。中小企业以金融机构出具的保函等提供保证的,机关、事业单位和大型企业应当接受。

机关、事业单位和大型企业应当依法或者按照合同约定,在保证期限届满后及时与中小企业对收取的保证金进行核算并退还。

第十四条 机关、事业单位和大型企业不得以法定代表人或者主要负责人变更,履行内部付款流程,或者在合同未作约定的情况下以等待竣工验收备案、决算审计等为由,拒绝或者迟延支付中小企业款项。

第十五条 机关、事业单位和大型企业与中小企业的交易,部分存在争议但不影响其他部分履行的,对于无争议部分应当履行及时付款义务。

第十六条 鼓励、引导、支持商业银行等金融机构增加对中小企业的信贷投放,降低中小企业综合融资成本,为中小企业以应收账款、知识产权、政府采购合同、存货、机器设备等为担保品的融资提供便利。

中小企业以应收账款融资的,机关、事业单位和大型企业应当自中小企业提出确权请求之日起30日内确认债权债务关系,支持中小企业融资。

第十七条 机关、事业单位和大型企业迟延支付中小企业款项的,应当支付逾期利息。双方对逾期利息的利率有约定的,约定利率不得低于合同订立时1年期贷款市场报价利率;未作约定的,按照每日利率万分之五支付逾期利息。

第十八条 机关、事业单位应当于每年3月31日前将上一年度逾期尚未支付中小企业款项的合同数量、金额等信息通过网站、报刊等便于公众知晓的方式公开。

大型企业应当将逾期尚未支付中小企业款项的合同数量、金额等信息纳入企业年度报告,依法通过国家企业信用信息公示系统向社会公示。

第十九条 大型企业应当将保障中小企业款项支付工作情况,纳入企业风险控制与合规管理体系,并督促其全资或者控股子公司及时支付中小企业款项。

第二十条 机关、事业单位和大型企业及其工作人员不得以任何形式对提出付款请求或者投诉的中小企业及其工作人员进行恐吓、打击报复。

第三章 监督管理

第二十一条 县级以上人民政府及其有关部门通过监督检查、函询约谈、督办通报、投诉处理等措施,加大对机关、事业单位和大型企业拖欠中小企业款项的清理力度。

第二十二条 县级以上地方人民政府部门应当每年定期将上一年度逾期尚未支付中小企业款项情况按程序报告本级人民政府。事业单位、国有大型企业应当每年定期将上一年度逾期尚未支付中小企业款项情况按程序报其主管部门或者监管部门。

县级以上地方人民政府应当每年定期听取本行政区域内保障中小企业款项支付工作汇报,加强督促指导,研究解决突出问题。

第二十三条 省级以上人民政府建立督查制度,对保障中小企业款项支付工作进行监督检查,对政策落实不到位、工作推进不力的部门和地方人民政府主要负责人进行约谈。

县级以上人民政府负责中小企业促进工作综合管理的部门对拖欠中小企业款项的机关、事业单位和大型企业,可以进行函询约谈,对情节严重的,予以督办通报,必要时可以会同拖欠单位上级机关、行业主管部门、监管部门联合进行。

第二十四条 省级以上人民政府负责中小企业促进工作综合管理的部门(以下统称受理投诉部门)应当建立便利畅

通的渠道,受理对机关、事业单位和大型企业拖欠中小企业款项的投诉。

国务院负责中小企业促进工作综合管理的部门建立国家统一的拖欠中小企业款项投诉平台,加强投诉处理机制建设,与相关部门、地方人民政府信息共享、协同配合。

第二十五条 受理投诉部门应当按照"属地管理、分级负责,谁主管谁负责、谁监管谁负责"的原则,自正式受理之日起10个工作日内,按程序将投诉转交有关部门或者地方人民政府指定的部门(以下统称处理投诉部门)处理。

处理投诉部门应当自收到投诉材料之日起30日内形成处理结果,以书面形式反馈投诉人,并反馈受理投诉部门。情况复杂或者有其他特殊原因的,经部门负责人批准,可适当延长,但处理期限最长不得超过90日。

被投诉人应当配合处理投诉部门工作。处理投诉部门应当督促被投诉人及时反馈情况。被投诉人未及时反馈或者未按规定反馈的,处理投诉部门应当向其发出督办书;收到督办书仍拒不配合的,处理投诉部门可以约谈、通报被投诉人,并责令整改。

投诉人应当与被投诉人存在合同关系,不得虚假、恶意投诉。

受理投诉部门和处理投诉部门的工作人员,对在履行职责中获悉的国家秘密、商业秘密和个人信息负有保密义务。

第二十六条 机关、事业单位和大型企业拖欠中小企业款项依法依规被认定为失信的,受理投诉部门和有关部门按程序将有关失信情况记入相关主体信用记录。情节严重或者造成严重不良社会影响的,将相关信息纳入全国信用信息共享平台和国家企业信用信息公示系统,向社会公示;对机关、事业单位在公务消费、办公用房、经费安排等方面采取必要的限制措施,对大型企业在财政资金支持、投资项目审批、融资获取、市场准入、资质评定、评优评先等方面依法依规予以限制。

第二十七条 审计机关依法对机关、事业单位和国有大型企业支付中小企业款项情况实施审计监督。

第二十八条 国家依法开展中小企业发展环境评估和营商环境评价时,应当将保障中小企业款项支付工作情况纳入评估和评价内容。

第二十九条 国务院负责中小企业促进工作综合管理的部门依据国务院批准的中小企业划分标准,建立企业规模类型测试平台,提供中小企业规模类型自测服务。

对中小企业规模类型有争议的,可以向主张为中小企业一方所在地的县级以上地方人民政府负责中小企业促进工作综合管理的部门申请认定。人力资源社会保障、市场监督管理、统计等相关部门应当应认定部门的请求,提供必要的协助。

第三十条 国家鼓励法律服务机构为与机关、事业单位和大型企业存在支付纠纷的中小企业提供公益法律服务。

新闻媒体应当开展对保障中小企业款项支付相关法律法规政策的公益宣传,依法加强对机关、事业单位和大型企业拖欠中小企业款项行为的舆论监督。

第四章 法 律 责 任

第三十一条 机关、事业单位违反本条例,有下列情形之

一的,由其上级机关、主管部门责令改正;拒不改正的,对负有责任的领导人员和直接责任人员依法给予处分:

(一)未在规定的期限内支付中小企业货物、工程、服务款项;

(二)拖延检验、验收;

(三)强制中小企业接受商业汇票、应收账款电子凭证等非现金支付方式,或者利用商业汇票、应收账款电子凭证等非现金支付方式变相延长付款期限;

(四)没有法律、行政法规依据,要求以审计机关的审计结果作为结算依据;

(五)违法收取保证金,拒绝接受中小企业以金融机构出具的保函等提供保证,或者不及时与中小企业对保证金进行核算并退还;

(六)以法定代表人或者主要负责人变更,履行内部付款流程,或者在合同未作约定的情况下以等待竣工验收备案、决算审计等为由,拒绝或者迟延支付中小企业款项;

(七)未按照规定公开逾期尚未支付中小企业款项信息。

第三十二条 机关、事业单位有下列情形之一的,依法追究责任:

(一)使用财政资金从中小企业采购货物、工程、服务,未按照批准的预算执行;

(二)要求施工单位对政府投资项目垫资建设。

第三十三条 国有大型企业拖欠中小企业款项,造成不良后果或者影响的,对负有责任的国有企业管理人员依法给予处分。

国有大型企业没有法律、行政法规依据,要求以审计机关的审计结果作为结算依据的,由其监管部门责令改正;拒不改正的,对负有责任的国有企业管理人员依法给予处分。

第三十四条 大型企业违反本条例,未按照规定在企业年度报告中公示逾期尚未支付中小企业款项信息或者隐瞒真实情况、弄虚作假的,由市场监督管理部门依法处理。

第三十五条 机关、事业单位和大型企业及其工作人员对提出付款请求或者投诉的中小企业及其工作人员进行恐吓、打击报复,或者有其他滥用职权、玩忽职守、徇私舞弊行为的,对负有责任的领导人员和直接责任人员依法给予处分或者处罚;构成犯罪的,依法追究刑事责任。

第五章 附 则

第三十六条 部分或者全部使用财政资金的团体组织采购货物、工程、服务支付中小企业款项,参照本条例对机关、事业单位的有关规定执行。

军队采购货物、工程、服务支付中小企业款项,按照军队的有关规定执行。

第三十七条 本条例自 2025 年 6 月 1 日起施行。